Disney

# Dulces sueños

## 10 cuentos

para ir a la cama

LIBROS Disney

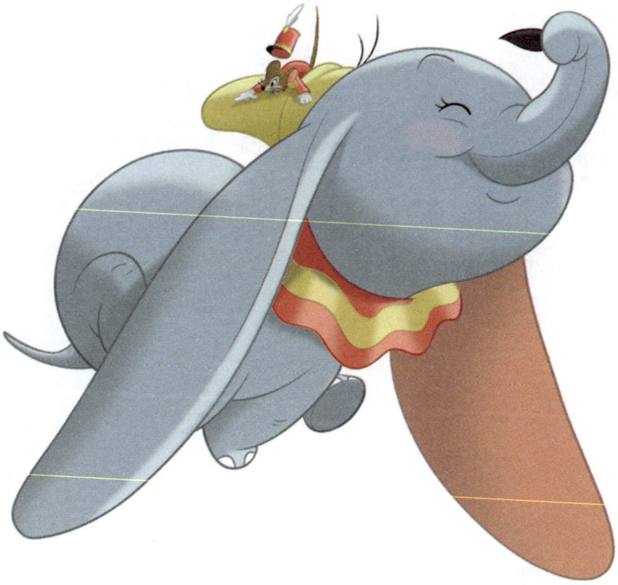



*101 dálmatas* está basada en el libro *The Hundred and One Dalmatians*
de Dodie Smith, publicado por Viking Press.

*Los Aristogatos* está basada en el libro de Thomas Rowe.

Publicado en España por Editorial Planeta, S. A., 2024
Avda. Diagonal, 662-664, 08034 Barcelona (España)
www.planetadelibrosinfantilyjuvenil.com
www.planetadelibros.com
Primera edición: enero de 2024
ISBN: 978-84-19547-62-0
Depósito legal: B. 20.933-2023
Impreso en España

El papel utilizado para la impresión de este libro está calificado como
papel ecológico y procede de bosques gestionados de manera sostenible.

# Índice

**Pinocho**
La historia de la película ........................................ 5

**101 dálmatas**
Relámpago Patch ........................................ 21

**Dumbo**
La historia de la película ........................................ 35

**El Rey León**
La aventura nocturna ........................................ 49

**La Dama y el Vagabundo**
Un canguro increíble ........................................ 63

**Peter Pan**
La sombra del capitán Garfio ........................................ 77

**Bambi**
Una noche radiante ........................................ 91

**Los Aristogatos**
El deseo de cumpleaños ........................................ 105

**La Cenicienta**
Gus se va a la cama ........................................ 119

**Merlín el Encantador**
La fiesta de pijamas ........................................ 133

# Pinocho

## La historia de la película

Era una noche oscura y los habitantes del pueblo dormían. Solo se veía luz en una casa: la de Geppetto, el carpintero.

Estaba terminando su nueva creación: una marioneta.
—Lo llamaré Pinocho —le dijo a su gato Fígaro
y a Cleo, su pez dorado.

Antes de acostarse, Geppetto pidió un deseo a su estrella de la suerte porque soñaba con tener un hijo. Conmovida por su petición, el Hada Azul lo visitó mientras dormía y dio vida a la marioneta de madera.

—Pinocho, aún no eres un niño de verdad —le advirtió—. ¡Para llegar a serlo, tendrás que ser valiente, sincero y generoso!

Luego se volvió hacia Pepito Grillo, que había presenciado la escena y le dijo:

—Pepito Grillo, tú serás la conciencia de Pinocho. Cuento contigo para ayudarle a distinguir entre el bien y el mal.

Cuando Geppetto despertó, se puso muy contento:
¡su deseo se había hecho realidad!
Como buen padre, preocupado por el futuro de su hijo,
envió a Pinocho a la escuela. Con una manzana en una mano
y un libro nuevo en la otra, el niño de madera salió de casa.
En el camino, se le acercaron Gideón y el Honrado Juan.
En lugar de hacer caso a Pepito Grillo, Pinocho siguió a aquellos
dos malandrines, que lo vendieron a un hombre malvado.
Aquel indeseable encerró a Pinocho en una jaula.

A solas, Pinocho pensó en su padre, al que no volvería a ver.
De repente, apareció el Hada Azul. Para evitar que lo regañara,
Pinocho le contó que había sido secuestrado por un monstruo enorme.

Su nariz empezó a alargarse y no se detuvo hasta que dijo la verdad.
—No volveré a mentir —prometió al hada, que lo liberó.
Con un movimiento de su varita, la nariz recuperó su tamaño normal.

Mientras huía, la marioneta se volvió a encontrar con Gideón y el Honrado Juan. Esta vez llevaron a Pinocho a la Isla de los Juegos, donde los niños podían hacer todo lo que quisieran. Pero, en realidad, allí convertían a los niños en burros para luego venderlos. Pinocho se lo estaba pasando genial cuando, de repente, se dio cuenta de que le habían salido pelos en las orejas y le había crecido una larga cola.

—¡Rápido, corramos! —gritó Pepito Grillo.

Gracias a la intervención de su amigo, Pinocho consiguió escapar a tiempo.

Cuando llegó a casa de Geppetto, este no estaba.
El viejo carpintero había salido en busca de su hijo y
había sido engullido por Monstruo, una ballena.

Pinocho se lanzó al mar en busca de su padre. Pero, por desgracia, Monstruo también se lo tragó. En el estómago de la ballena, Geppetto se alegró de reencontrarse con su hijo.

Para escapar de allí, encendieron un fuego para que Monstruo abriera su enorme boca. Molesta por el humo, la ballena estornudó, como era de esperar, y expulsó violentamente a padre e hijo, que aterrizaron en tierra firme. El viejo carpintero salió ileso, pero Pinocho no se despertaba... De vuelta a casa, Geppetto puso a la marioneta inanimada en su cama. Mientras rezaba una vez más a su estrella de la suerte, el Hada Azul realizó un segundo milagro y transformó a Pinocho en un niño de verdad. Ahora que había aprendido a distinguir entre el bien y el mal, le esperaba una vida larga y llena de felicidad.

# 101 dálmatas

## Relámpago Patch

Una noche, Pongo, Perdita y sus quince cachorros veían su serie de televisión favorita. Los pequeños seguían absortos las aventuras de Relámpago, el perro que salvaba al mundo de los malhechores.

Patch quería ser como su héroe: valiente y audaz. Cuando el episodio acabó, los cachorros se fueron a la cama mientras sus padres se preparaban para dar un paseo.

—¿Podemos jugar un poco más? —preguntó Patch.

—No, es hora de ir a la cama, cariño —respondió su madre.

Una vez que sus padres hubieron salido de casa,
Patch fantaseaba con las aventuras de Relámpago
cuando, de pronto, oyó un ruido sospechoso.
—Levantaos —susurró a sus hermanos y hermanas—.
Hay un intruso merodeando por la casa.
¡Se acabó el dormir!
Los pequeños detectives subieron
sigilosamente al piso de arriba.
—Vamos —los guio Patch, imaginando que
era Relámpago—. ¡Ha entrado en la sala de música!

Para encontrar al intruso, los cachorros pusieron la habitación patas arriba. Mientras tanto, Nanny subió la escalera. Si los sorprendía fuera de su cesta, ¡los cachorros iban a tener problemas!

—Escondeos —ordenó Patch.
—¿Qué pasa aquí? —preguntó Nanny al entrar.
Mientras los cachorros contenían la respiración,
el malhechor regresó a la planta baja.

Tan pronto como Nanny se fue, los cachorros reanudaron su búsqueda y se deslizaron por la barandilla para llegar al piso inferior lo más rápido posible.

—¡Ese traidor se va a escapar! —se lamentó Patch.

A Rolly le gustaba este nuevo juego, pero no estaba acostumbrado a estar despierto a aquellas horas.

—Tengo hambre —se quejó cuando por fin puso las patas en el suelo.

Al final de la escalera, Patch se dio cuenta de que la puerta trasera estaba entreabierta. Sin pensárselo dos veces, se precipitó hacia el patio.

Todos sus hermanos y hermanas siguieron su ejemplo, excepto Rolly, que se lanzó sobre las bayas de un arbusto. Mientras intentaba atrapar una pieza de fruta que rodó bajo la verja, vio a alguien que lo aterrorizó.

—¡Cruella De Vil! —exclamó casi sin poder respirar.

Afortunadamente, Relámpago Patch mantuvo la calma.

—¡No hagáis ruido! —ordenó—. Mirad, ese granuja ha vuelto a entrar en la casa.

Sin hacerse de rogar, los cachorros siguieron a Patch hasta la cocina.

—El ratón está aquí —dijo triunfalmente Rolly—.
¡Ha robado un trozo de queso!
Mientras corría hacia él, Rolly chocó con la mesa
y le cayó harina encima.
—Vaya, este cachorro no tiene manchas —dijo Patch
divertido—. ¡Aquí está el VERDADERO intruso!
Todos los cachorros se abalanzaron felices sobre su
hermano, antes de ser interrumpidos por Penny:
—¡Mamá y papá ya han llegado!
Patch guio rápidamente a los cachorros hasta su cesta.
Cuando Pongo y Perdita echaron un vistazo a sus
cachorros, los encontraron acurrucados bajo la manta,
tal y como los habían dejado.

# Dumbo

## La historia de la película

Una noche, las cigüeñas sobrevolaban las carpas de un circo: traían bebés a las futuras madres del lugar. ¡Un tigre, un osezno y una jirafa!

La señora Jumbo, que también esperaba a su pequeño, miraba el cielo con esperanza. Poco después, se había convertido en la madre de un adorable bebé elefante.

Pero, cuando su bebé desplegó sus enormes orejas,
las otras elefantas se burlaron de él:
—¿Habéis visto esas orejas? ¡Ese bebé es ridículo!
Furiosa, la señora Jumbo las hizo callar. Luego, acunó
a su hijo, que estaba acurrucado entre sus patas.
—Mi pequeño Dumbo, nadie va a hacerte daño.
Te protegeré —susurró, acariciándolo con la trompa.
Al lado de su madre, Dumbo descubrió poco
a poco la vida del circo, ¡y le encantó!

El único inconveniente era que sus enormes orejas lo avergonzaban mucho. Todos se reían de él. Un día, incluso unos niños vinieron a molestarlo en su recinto. Esto ya fue demasiado para la señora Jumbo. Enfurecida, lanzó balas de paja a aquellos granujas. Esta acción hizo que la encerrasen en una jaula. Sin su madre, Dumbo estaba desesperado. Indignado por tanta injusticia, el ratón Timoteo lo consoló.

—Voy a ayudarte a convertirte en la estrella del circo. Así dejarán en libertad a tu mamá.

Durante la noche, mientras el director del circo dormía, el ratón le susurró al oído una idea para un número. Cuando el hombre se despertó, decidió convertir a Dumbo en la estrella de su nuevo espectáculo.

—Dumbo, participarás en el número de los payasos —anunció.

Por la noche, el pequeño elefante, disfrazado de bebé, se colocó en lo alto de una casa envuelta en llamas. No había nada que pudiera hacer aparte de esperar a que unos falsos bomberos vinieran a ayudarlo mientras se burlaban de él. ¡Qué humillación!

Por suerte, Timoteo estaba allí para consolar a su amigo. Lo llevó a ver a la señora Jumbo, que lo meció toda la noche con su trompa. Dumbo, feliz por estar con su madre, se durmió plácidamente. En sueños, vio elefantes voladores.
—Pues claro, con tus orejas ¡debes poder volar! —exclamó Timoteo cuando Dumbo le contó su sueño.

Al día siguiente, Dumbo intentó volar por el cielo,
pero no tenía confianza en sí mismo.
Para tranquilizarle, Timoteo le dio una pluma negra.
—¡Es mágica! —aseguró—. Agárrala bien fuerte y mueve las orejas.
Gracias a esta estratagema, Dumbo consiguió echar a volar.
Esa noche, cuando tenía que saltar desde lo alto de la torre
envuelta en llamas, el elefante no tuvo miedo. Pero, de repente,
¡la pluma se le escapó! ¿Qué podía hacer ahora?
—¡La magia está en ti y no en la pluma! —le gritó
Timoteo—. ¡No necesitas la pluma para volar!
Dumbo recuperó la compostura y levantó el vuelo
ante el clamor del público.

En una noche, Dumbo se había convertido en el bebé elefante más famoso del mundo. Timoteo no podía estar más orgulloso de su amigo de grandes orejas. El director del circo puso en libertad a la señora Jumbo y les ofreció el mejor asiento del tren. Desde aquel día, el pequeño elefante nunca más volvería a separarse de su madre.

# El Rey León

## La aventura nocturna

En la guarida de la Roca de la Manada,
todos dormían excepto Simba.
El cachorro no podía conciliar el sueño. Estaba impaciente
por ver salir el sol y emprender nuevas aventuras.
De repente, oyó un ruido extraño que venía del exterior.
Se levantó de un salto y despertó a Nala, su mejor amiga.
—Creo que hay algo interesante ahí fuera —susurró.
—Ahora no, Simba —protestó ella, somnolienta.
—¿Tienes miedo de venir conmigo? —la desafió.
—¿Miedo yo? ¡Nunca! —respondió la pequeña
leona enderezándose.

Simba y Nala se escabulleron mientras sus madres dormían.
Tras dar unos pasos, se detuvieron. ¡Rac! ¡Rac!
—¿Quién hace ese ruido? —se preguntó la pequeña leona.

—¡Allí, mira! —exclamó Simba.
El animalito señaló una extraña criatura que había detrás de un arbusto. Parecía tener dos colas: ¡una delante y otra detrás!

Curiosos, los dos cachorros se acercaron al extraño animal y empezaron a caminar junto a él.

—Buenas noches —le saludó Simba.

—¿Por qué no estás durmiendo? —le preguntó Nala.

—Porque soy un cerdo hormiguero —les explicó el desconocido justo cuando pasaban por debajo de la rama en la que dormía Zazú—. A diferencia de vosotros, yo duermo de día y salgo de noche. De hecho, esta es la hora de mi desayuno.

¡Slurp! Acababa de introducir la lengua en un agujero que él mismo había cavado. Cuando la sacó, ¡estaba cubierta de insectos!

—¡Qué suerte tienes de poder jugar de noche! —soltó Simba—. A mí me encantaría hacer lo que tú haces. Nosotros siempre tenemos que irnos a dormir cuando se pone el sol.

—Venid conmigo —dijo el cerdo hormiguero.
Encantados, los dos cachorros le siguieron. Estaban seguros de que iban a descubrir muchísimas cosas increíbles con su nuevo amigo.

Un poco más adelante, el cerdo hormiguero se detuvo.
—¿Queréis hormigas para cenar? —les ofreció.
—¡Qué asco! No, gracias —rechazó Nala.
De repente, los cachorros de león empezaron a bostezar.
Tenían ganas de volver a casa, pero ya había anochecido y no sabían dónde estaban.
De pronto, la suerte quiso que un rayo de luna iluminase precisamente la Roca de la Manada.

Después de despedirse de su amigo, los dos cachorros, que estaban realmente agotados, hicieron un último esfuerzo y corrieron a acurrucarse junto a sus madres.

—Esta aventura nocturna me ha dado hambre —confesó Simba.

El pequeño león miró a su alrededor con los ojos entreabiertos y dijo:
—Me pregunto qué vamos a comer mañana.
—Lo cierto es que me da igual, siempre que no sean insectos
—respondió Nala, cerrando los ojos.

# La Dama y el Vagabundo

## Un canguro increíble

Ese día, Reina y Golfo celebraban el aniversario de su primera cita. Para hacer algo especial, Golfo invitó a su novia a cenar en el restaurante de Tony, donde una vez compartieron unos magníficos espaguetis.

Antes de irse, los padres bañaron y dieron de comer a Annette, Colette, Daniela y Golfillo, sus adorables pequeños. Al cabo de un rato, los cuatro cachorros estaban preparados para acomodarse en la cesta.

Reina y Golfo habían llamado a un viejo amigo para que los vigilara.
—Portaos bien con vuestro canguro —insistió Golfo.
Cuando el sabueso hizo su entrada, los pequeños se lanzaron sobre él y lo abrazaron.
—¡Tío Triste! —exclamaron moviendo la cola.
—No dejéis que Golfillo moleste a vuestro tío —dijo Golfo a sus hijas—. Triste, lo único que tienes que hacer es acostarlos.
—No os preocupéis —los tranquilizó Triste—. Mi abuelo me enseñó cómo hacer dormir a los cachorros.

Después de que Reina y Golfo se fuesen, Triste llevó a los pequeños a la cesta y se dispuso a contarles un cuento.

—Érase... ¿Cómo empezaban los cuentos? Érase...

—¿Una vez? —le ayudó Annette.

—¡Eso es! —rio Triste—. Érase una vez... ¿Por dónde iba?

Mientras buscaba las palabras, Annette, Colette y Daniela se quedaron dormidas.

—No hay nada más fácil que hacer dormir a unos cachorros —dijo complacido tío Triste.

Pero ¿no había cuatro cachorros hacía un momento? ¿Dónde se había metido Golfillo?

¡Aquello era una catástrofe! ¡El sabueso tenía que encontrarlo! Como el cachorro se había escapado de la habitación, Triste pegó la nariz al suelo, siguió el rastro de su olor... ¡y chocó con el piano! Triste había perdido el olfato hacía años, pero una vez había conseguido seguirle el rastro a su amigo Golfo. Y, esa noche, estaba decidido a encontrar al pequeño fugitivo.

Lentamente, se dirigió a la cocina. Ahí, el olor que percibía era más fuerte. En el suelo, encontró cáscaras de huevo, un charco de leche y harina.

¡Qué desastre! Parecía un verdadero campo de batalla.

—Golfillo ha pasado por aquí —dedujo el antiguo perro policía al ver las huellas de sus patas.

Las huellas le llevaron al salón, que parecía
haber sido devastado por un tornado.
El diario de Jaimito Querido estaba hecho trizas,
sus zapatillas estaban destrozadas y el tejido en
el que trabajaba Linda estaba prácticamente roto.
Siguiendo un hilo de lana, Triste llegó al jardín.
Entonces, se dio cuenta de que había
una abertura en la valla.
—¡Oh, no! —gimió—. ¡Ese diablillo se ha escapado!
Sus padres lo han dejado a mi cuidado, ¡y lo he perdido!
Justo en ese momento, regresaron Reina y Golfo.

Muy afligido, el viejo perro acompañó a sus amigos al interior de la casa. Tras dar un suspiro, se dispuso a decirles que había perdido a Golfillo.

—No sabéis cómo lo siento, pero... —empezó a decir.

—¿Cómo lo has logrado? —le interrumpió Reina al mirar hacia la cesta.

En ella, Golfillo dormía profundamente.
—Bien hecho, amigo —le felicitó Golfo—.
¡Eres el mejor canguro del mundo!
Triste se sintió muy orgulloso por las palabras de su amigo.
¡Sabía que jamás iba a olvidar esa noche!

# Peter Pan

## La sombra del capitán Garfio

Los niños de la familia Darling jugaban
a su juego favorito en la sala de estar.
Como de costumbre, Juan asumió el papel de capitán Garfio,
mientras que su hermano Miguel hacía de Peter Pan.
—¡Clang! ¡Clang! ¡Al suelo, pirata! —gritó el más joven.
—Ya basta, chicos. Es hora de ir a la cama.
—los interrumpió Wendy.
—Déjanos cinco minutos más —suplicó Miguel.
No tenía ningunas ganas de irse a dormir en aquellos
momentos. ¡Estaba a punto de derrotar al malvado Juan!

Wendy se negó y los dos hermanos tuvieron que irse a la cama. Al poco rato, Wendy y Juan se durmieron. Solo el pequeño Miguel permanecía despierto. Por más que cerraba los párpados con todas sus fuerzas, no podía conciliar el sueño. Sus pensamientos volvían al País de Nunca Jamás, a Peter Pan y al terrible capitán Garfio. De repente, escuchó un clic seguido de un fuerte ¡BUUUM! Abrió los ojos y miró a su alrededor. Las ventanas de la sala de estar estaban abiertas de par en par. De repente, una sombra apareció en la pared detrás de él.

Miguel se sobresaltó. La sombra se parecía a la del capitán Garfio. Paralizado por el miedo, el niño se ocultó debajo de las sábanas. Sabía que estaba en peligro. Si había visto la sombra del capitán Garfio, es que el malvado pirata debía haber entrado en la habitación. Para asegurarse, apartó las mantas y echó un rápido vistazo al cuarto. No había rastro del capitán, pero su sombra seguía allí y, ahora, se dirigía directamente a la cama de Wendy.

Un escalofrío recorrió la espalda de Miguel.
¡Sin dudarlo ni un segundo, el niño saltó valientemente hacia la sombra de Garfio, que blandía su gancho!

Aterrorizado, el pequeño dio un paso atrás y tropezó con una pelota. Tendido en el suelo, vio al terrible capitán Garfio que se dirigía hacia él... Pero, de repente, Peter Pan apareció en la ventana.

—¡Estás aquí! —exclamó Miguel aliviado—. Garfio ha intentado secuestrar a Wendy, pero lo he detenido.

Justo entonces, Peter vio la figura que se ocultaba en un rincón de la habitación.

—¡Que no escape! —exclamó, abalanzándose sobre ella.

—Después de todo, solo es una sombra —dijo Miguel para tranquilizarse.

Ambos unieron sus fuerzas y consiguieron atrapar la sombra del malvado pirata y meterla en un saco. Para asegurarse de que no escapara, ataron el saco con una cuerda.

—¿Por qué habrá venido hasta aquí la sombra?
—preguntó Miguel.
—Se la robé a Garfio para gastarle una broma, pero se escapó... —explicó Peter Pan—. ¡Lamento que haya venido a molestaros!
—Me alegro de que la hayamos podido capturar.
—Adiós, Miguel. ¡Buenas noches! —dijo Peter.
Después de despedirse, el niño volvió a la cama entre bostezos. Se durmió plácidamente y soñó con la aventura que acababa de vivir junto a su héroe favorito.

# Bambi

## Una noche radiante

Todas las tardes, antes de que se pusiera el sol, los habitantes del bosque se preparaban para irse a la cama. Mientras los ratones se instalaban en los cardos, Tambor y sus hermanas se aseaban.

En cuanto a Bambi, el joven ciervo pasaba la noche recostado sobre su madre. Pero había alguien que a esas horas nunca estaba con ellos. Era el Señor Búho, quien, a diferencia del resto de los animales, se despertaba al anochecer.

Esa noche, cuando el búho apenas había abierto los ojos, Bambi y Tambor fueron corriendo hasta su árbol.

—Señor Búho, cuéntenos un cuento —suplicó el conejo.

—Esta noche no —dijo el ave rapaz—. No quiero perderme la lluvia de estrellas.

—¡Me encantaría verla! —exclamó Tambor.

—¡Y a mí! —añadió el cervatillo—. ¿Podemos ir con usted?

—No. Está oscuro y el prado está demasiado lejos —intervino la madre de Bambi.

—Cuidaré del joven príncipe y de Tambor —la tranquilizó el Señor Búho—. Conmigo estarán a salvo.

En la oscuridad, que cada vez era más intensa, Tambor y Bambi brincaron en dirección al prado, mientras el Señor Búho volaba por encima de ellos. De repente, el cervatillo vio una luz brillante.

—¡He visto una estrella! —exclamó.

—No, Bambi, es una luciérnaga —lo corrigió el ave.

Uno tras otro, los pequeños insectos fueron iluminando el prado. Aunque Tambor y Bambi disfrutaban del espectáculo, estaban impacientes por ver las verdaderas estrellas fugaces.

Un poco más tarde, una tenue luna creciente iluminó la oscuridad de la noche.
—Es perfecta —aprobó el Señor Búho—. ¡Así podremos ver mejor las estrellas!
Cuando un brillante relámpago iluminó el cielo, Tambor saltó emocionado:
—¡La primera estrella!
Un trueno le respondió de forma estruendosa: ¡acababa de estallar una tormenta!

Decepcionados, Bambi, Tambor y el Señor Búho corrieron a refugiarse en el bosque. ¿Cómo iban a poder ver las estrellas con esas nubes tan grandes?

—Será mejor que volvamos —sugirió el cervatillo con cara de tristeza.

—No tan rápido —replicó el ave—. Tan solo se trata de una tormenta pasajera.

Unos instantes después, dejó de llover y el viento se llevó las nubes que cubrían el cielo.

—Seguidme —dijo el Señor Búho, mientras guiaba a Tambor y a Bambi por el prado—. ¡El espectáculo está a punto de empezar!

Cuando una chispa de luz apareció por encima de su cabeza, Bambi se quedó asombrado.

—¿Así que eso es una estrella fugaz? —preguntó.

—Sí, joven príncipe —ululó el Señor Búho.

Poco después, cientos de estrellas fugaces cruzaron el cielo. Los tres amigos quedaron fascinados. Tras aquella explosión de luminosidad, el cielo volvió a oscurecerse.

—Me gustaría contemplar más estrellas —suspiró el cervatillo—. Pero ya está bien por esta noche, ¡es hora de volver a casa!

De vuelta, al lado de su madre, Bambi cerró los ojos. Aun así, seguía viendo el brillante resplandor de las estrellas fugaces. Esta noche iba a dormir bien.

# Los Aristogatos

## El deseo de cumpleaños

—Buenas noches, queridos míos —susurró Duquesa a sus pequeños—. ¡Felices sueños!

Aunque a Berlioz y a Toulouse ya se les cerraban los ojos, Marie no quería irse a la cama.

—¿Puedo venir al cumpleaños del Gato Jazz? —suplicó.

—No, eres demasiado joven —respondió su madre mientras salía de la habitación.

Marie oía el ruido que provenía de la planta baja, donde se celebraba la fiesta, y era incapaz de conciliar el sueño. ¡Cómo le gustaría unirse a los invitados y divertirse tanto como ellos!

Este pensamiento le dio una idea. Se coló en el armario del recibidor y rebuscó entre el montón de ropa elegante que allí encontró. Se probó una bonita bufanda, pero daba mucho calor. Después, se puso unas gafas, pero eran demasiado grandes. Finalmente, descubrió un magnífico sombrero de plumas y un collar largo.
Ahora sí. ¡Eran perfectos! Su disfraz de adulto era ideal para la ocasión. Nadie la reconocería.
Marie entró en el salón, segura de sí misma.

—¡Qué casa más bonita! —exclamó a su lado una gata que lucía un enorme collar.
—Gracias… —empezó a decir Marie educadamente, antes de detenerse a tiempo.
Tenía que hacer el papel de invitada. ¡Nadie podía saber que vivía allí!
—Me encanta su collar —dijo para disimular.
—Y a mí su sombrero —respondió la gata.
Un gato que llevaba una bandeja las interrumpió:
—¿Quién quiere helado de atún?
Era el manjar favorito de Marie.
—¡Yo! ¡Yo! —exclamó esta última, olvidando su disfraz.

A continuación, los invitados empezaron con los juegos de salón. Marie participó en el de ponerle la cola al perro con los ojos vendados… ¡y ganó! Mientras tanto, los músicos iniciaron un nuevo tema sin el Gato Jazz. El invitado de honor había dejado la trompeta para disfrutar de la fiesta.

—Seguid sin mí, compañeros —les había dicho. Después, se acercó a Marie y le guiñó un ojo con complicidad—: Mi querida señora, ¿me concede este baile?

Loca de alegría, la gatita lo siguió hasta la pista.

—Marie, ¿estás disfrutando de la fiesta? —le dijo el Gato Jazz.
—¡Oh, sí! Pero disculpe... —contestó ella—. ¿Quién es Marie?
—Tranquila, ¡tu secreto está a salvo conmigo! —le prometió él.

La gatita se relajó y se dispuso a divertirse.
Bailó con tanta energía que acabó perdiendo el disfraz.
—¡Marie! —gritó su madre al verla.

La música se detuvo inmediatamente.
—¿Qué haces levantada? —le preguntó su madre con cara de pocos amigos.
—Espera —intervino el Gato Jazz—. Marie es mi amiga y me gustaría que se quedara. ¡Ese es mi deseo de cumpleaños! —añadió mientras soplaba las velas.
—Está bien, pero solo por esta vez —aceptó Duquesa.
Marie siguió disfrutando de la fiesta hasta que cayó rendida de cansancio.
Mientras se quedaba dormida en su mullida cama, no pudo evitar sonreír al recordar la maravillosa velada que había pasado.

# La Cenicienta

## Gus se va a la cama

En su habitación, instalada en el desván de la casa,
Cenicienta golpeó suavemente la pared.
—Es hora de irse a la cama —dijo.
Jaq y los otros ratones acudieron enseguida.

Cenicienta se veía obligada a trabajar como criada para su malvada madrastra y sus dos hijas. Pero, afortunadamente, contaba con el apoyo de sus amigos los animales.

La joven estaba acostumbrada a salvarlos de las trampas que había colocadas por toda la casa. Esa misma mañana, había rescatado a un pequeño roedor al que llamó Gus. Rápidamente, fue adoptado por el resto del grupo.

—¿Cómo que es hora de irse a la cama?
—preguntó el recién llegado.

Cenicienta estaba conmovida: ya sentía afecto por Gus. Estaba segura de que se harían amigos rápidamente.

—Sí, es hora de que nos vayamos todos a la cama
—explicó Jaq mientras hacía el gesto de dormir.

—Podemos tumbarnos en cualquier sitio, no necesitamos una cama para eso —respondió Gus.

—A partir de ahora, tienes un hogar —le dijo Cenicienta—. Aquí, todos dormimos en una cama y seguimos un ritual antes de acostarnos. ¡No hay nada como eso para dormir bien! Para empezar, nos ponemos un atuendo adecuado.

Mientras los demás se cambiaban, Cenicienta le entregó a Gus un pijama. Se lo había hecho aquella misma tarde.

—¡Qué cómodo! —exclamó el animalito después de probárselo.

—Una vez que nos hemos puesto el pijama —continuó Cenicienta—, viene el aseo: nos cepillamos los dientes y nos lavamos la cara. Cuando hayas terminado, vendré a verte de nuevo —añadió antes de marcharse.

Intrigado, Gus observó a los demás y repitió sus gestos. Primero, se acercó a una pequeña bandeja y se limpió los dientes con un cepillo. Se sorprendió al ver cómo la pasta de dientes podía hacer tanta espuma. Luego cogió una pastilla de jabón y se acercó a un cuenco, donde dos ratones se estaban lavando la cara.

—No es complicado —lo tranquilizó Jaq mientras se secaba.

—Y ahora ¿qué hay que hacer? —preguntó Gus, una vez aseado.

—¡Ahora viene lo mejor de irse a la cama! —respondió Jaq. Llevó a su nuevo amigo al dormitorio de los ratones y le enseñó su cama.

—Aquí es donde dormirás todas las noches —le dijo.

Feliz por tan cálida acogida, Gus imitó de nuevo a sus compañeros. Dejó las zapatillas junto a su cama, se quitó el gorro y se acostó.

—Tápate bien —dijo Suzy, arropándole.

—¡Ha llegado la hora del cuento! —exclamó Jaq alegremente.

Cenicienta, vestida con su camisón, se sentó
en una silla y empezó a contar un cuento:
—Érase una vez, un príncipe que vivía en un hermoso castillo.
Tenía todo lo que el dinero podía comprar: ropa, joyas y muchas
más cosas —explicó—. Pero le faltaba algo esencial: el amor.

Arrullados por la dulce voz de la joven, los ratones cerraron los ojos. Cuando estuvieron todos dormidos, Cenicienta interrumpió el cuento y se metió sigilosamente en la cama. Acurrucada bajo las mantas, también se quedó dormida y, aquella noche, soñó con el príncipe de su cuento.

# Merlín el Encantador

## La fiesta de pijamas

Desde que Grillo conoció a Merlín, su vida había cambiado y siempre estaba muy atareado. Además de sus clases con el mago, debía continuar sirviendo a sir Héctor.

A pesar de que sus días estaban repletos de actividades, el joven huérfano solía tener dificultades para conciliar el sueño. Una noche de insomnio, mientras observaba la torre de Merlín, decidió ir a verlo.

—No puedo dormir —se quejó Arquímides,
el búho de Merlín el Encantador.
—¡Yo tampoco! —exclamó Grillo al entrar en casa de su amigo.
—Lee este libro —le sugirió Merlín mientras hacía volar
un grueso volumen hacia el joven—. Podría encajar
perfectamente con tu ritual para antes de ir a dormir.
—¿Qué es eso de un ritual para antes de ir a dormir?
—preguntó sorprendido Grillo.

—No me digas que nadie te lo ha enseñado —exclamó Merlín, saltando de su silla—. Me tendré que encargar yo de hacerlo.

Con un movimiento de su varita, transformó la ropa de Grillo.
—Vamos a organizar una fiesta de pijamas —dijo.

—*¡Lapinus lapinou!* —prosiguió el mago, agitando su varita.
Grillo sintió que algo en él había cambiado.
—Nos hemos convertido en conejos —comprendió.
—¡Así es! Porque vamos a escuchar los cuentos de la mejor cuentacuentos de Inglaterra, Mamá Conejo —le explicó el mago—. ¡Vamos!
Guio a Grillo a través del bosque mientras el búho los seguía hasta la entrada de una madriguera.
—Arquímides, tú no puedes entrar —le recordó Merlín al malhumorado pájaro—. Los conejos a veces son presa de algunos búhos y podrías asustarlos.

Merlín y su alumno se colaron entonces en la madriguera,
donde los conejitos escuchaban atentamente a Mamá Conejo.
No hicieron ningún ruido para no interrumpirla.
Grillo se dejó arrullar por aquella historia.
¡Nunca había oído un cuento tan magnífico!
—Y, desde aquel día —concluyó la narradora en
un susurro—, conocemos la historia de...
—¡Un búho! —gritó, de repente, un conejito aterrorizado.
El pánico se apoderó de la madriguera porque
Arquímides acababa de entrar.
—¡Fuera! —gritó Mamá Conejo furiosa.
—¡Merlín, haz algo! —le suplicó Grillo.

¡PUF! El muchacho, convertido de nuevo en humano,
había vuelto a la torre junto con Merlín y Arquímides.
Después de beber un poco de té caliente,
notó que le pesaban los párpados.
—Bien, ¿qué te ha parecido mi ritual para antes de ir a
dormir? —le preguntó Merlín tras acompañarlo a la cama.
Pero no hubo respuesta. Grillo por fin se había dormido.